VENTE

HOTEL DROUOT, SALLE N° 6

Le Lundi 3 Février 1896

A DEUX HEURES

BELLES

DÉCORATIONS DE SALONS

PLAFONDS, DESSUS DE PORTES

SUITE DE PANNEAUX DÉCORATIFS

AVEC ENCADREMENTS

Des diverses écoles : XVIIe et XVIIIe siècles

TABLEAUX

Mobilier Artistique

ARMES — BRONZES — SCULPTURES

Étoffes, Argenterie

EN PARTIE

arrivant de l'étranger

M° G. DUCHESNE	**M. A. BLOCHE**
Commissaire-Priseur	Expert
6, rue de Hanovre, 6	28, rue de Châteaudun, 28

EXPOSITION PUBLIQUE

Le Dimanche 2 Février 1896

De 2 heures à 5 heures et demie

IMPRIMERIE ARTISTIQUE

———

E. MÉNARD & Cie

Bureaux et Ateliers : PARIS — 8, RUE MILTON

VENTE

HOTEL DROUOT, SALLE N° 6

Le Lundi 3 Février 1896

A DEUX HEURES

BELLES

DÉCORATIONS DE SALONS

PLAFONDS, DESSUS DE PORTES

SUITE DE PANNEAUX DÉCORATIFS

AVEC ENCADREMENTS

Des diverses écoles : XVII° et XVIII° siècles

TABLEAUX

Mobilier Artistique

ARMES — BRONZES — SCULPTURES

Étoffes, Argenterie

EN PARTIE

arrivant de l'étranger

M° G. DUCHESNE	**M. A. BLOCHE**
Commissaire-Priseur	Expert
6, rue de Hanovre, 6	28, rue de Châteaudun. 28

EXPOSITION PUBLIQUE

Le Dimanche 2 Février 1896

De 2 heures à 5 heures et demie

CONDITIONS DE LA VENTE

La **vente** sera faite *expressément* au comptant.

Les acquéreurs payeront en sus des adjudications *cinq pour cent.*

L'exposition mettant le public à même de se rendre compte de l'état des objets, il ne sera admis aucune réclamation une fois l'adjudication prononcée.

Paris. — Imp. artistique E. Ménard & Cie, 8, rue Milton

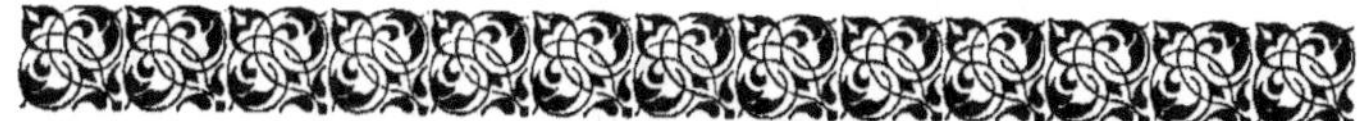

PEINTURES DÉCORATIVES

GIORDANO (Attribué à Lucca)

1 — Dessus de porte représentant : Renaud et Armide entourés des Amours.

Toile ovale.

Larg., 1m72 ; haut., 1m03

GUARDI (Attribué à)

2 — Joli panneau décoratif représentant : L'Ange et Tobie, de nombreux petits personnages dans l'intérieur d'un palais, avec vue de parc et de terrasse en perspective.

Cadre cintré dans le haut.

Haut., 1m66 ; larg., 0m95.

PANINI (Attribué à)

3-7 — Cinq grands panneaux décoratifs représentant des scènes à petits personnages : Dieux,

Déesses et Nymphes, allégories aux arts et aux
sciences dans des paysages avec ruines et monuments.

Cadres en bois sculpté et doré.

Larg., 2^{m}o5 ; haut., 2^{m}o3.

PANINI (Attribué à)

8-9 — Deux panneaux décoratifs faisant suite aux
précédents, avec cadres en bois sculpté et doré.

Haut., 2^{m}o3 ; larg., 1^{m}35.

PANINI (Attribué à)

10-14 — Cinq petits panneaux décoratifs représentant des monuments et des ruines au bord de la
mer avec scènes à petits personnages du Nouveau
Testament.

Encadrés.

SALVATOR ROSA

15-16 — Deux très beau panneaux décoratifs, teinte
claire, représentant : le premier, un paysage mon-
tagneux au bord de la mer avec nombreux personnages et multitude de bateaux de toutes
formes gagnant le large, à l'ancre ou sur chantier
de construction.

Le deuxième, un paysage accidenté avec ruines
de temple animé de nombreux pâtres et bergères
gardant leurs troupeaux.

Long., 2^{m}o5 ; haut., 1^{m}5o.

SNYDERS (Attribué à)

17 — Beau panneau décoratif ou dessus de porte
représentant un page avec toque à plume portant
une corbeille de fruits devant une statue enguir-
landée de fleurs.

Larg., 1ᵐ5o; haut., 1ᵐio.

VÉRONÈSE (École de Paul)

18 — Très beau plafond ou panneau décoratif représentant des Nymphes et Servants de l'Olympe
portant des fleurs, conduisant des brebis et dépo-
sant de nombreux volatiles aux pieds d'un faune.

Importante composition.

Haut., 2ᵐio; long., 2ᵐ65.

ÉCOLE DU XVIIᵉ SIÈCLE

19 — Grand et beau plafond représentant le Triom-
de Flore suivie par des Amours tenant des corbeilles de fleurs, et emportée sur son char.

Importante composition.

Long.. 3ᵐ25; larg.. 2ᵐ

ÉCOLE DU XVIIᵉ SIÈCLE

20 — Josué combattant contre Adonisédech, roi de
Jérusalem, ordonnant au soleil de s'arrêter.

Importante composition d'une multitude de figures et des
cavaliers; très beau plafond ou panneau décoratif.

Long., 3ᵐg5; larg., 2ᵐ45.

ÉCOLE DU XVIIe SIÈCLE

21 — Les Amours chez Vulcain forgeant leurs traits.

      Panneau décoratif, ou plafond de forme cintrée en haut et en bas.

                Haut.. 2^mo5 ; larg., 2^m45.

ÉCOLE ITALIENNE, XVIIe SIÈCLE

22-3o — Suite de dix-sept dessus de portes ou panneaux décoratifs représentant des sujets mythologiques ou allégoriques en grisaille.

ÉCOLE DU XVIIIe SIÈCLE

31-34 — Quatre beaux dessus de portes ou panneaux décoratifs ; forme ronde représentant de gracieuses allégories à la Comédie, à la Danse, à la Musique et à la Tragédie.

                Diam., 1^m3o.

ÉCOLE VÉNITIENNE

35 — Deux toiles décoratives représentant des personnages de la Fable.

TABLEAUX

ALBANE

36 — Sujets mythologiques.

Quatre tableaux. Cadres en bois sculpté et doré Louis XVI.

ALBANE

37 — Diane découvrant la grossesse de Calisto.

Jolie peinture sur cuivre.

BOURGUIGNON

38 — Scène de bataille.

MARIO DE FIORI (Attribué à)

39 — Fleurs et figures.

POUSSIN (École du)

40 — Les Travaux champêtres.

Petit tableau.

PRIMATICE (Attribué au)

41 — Le Triomphe d'Amphitrite.

RIBERA (Attribué à)

42 — Trois têtes d'hommes.

Belle qualité de peinture.

RICCI (Attribué à Sébastien)

43 — L'Automme : Enfants vendangeant et pressant le raisin.

RICCI

44 — Les Renommées.

Projet pour plafond.

TRINQUESSE OU TOURNIÈRE (Attribué à)

45 — Portrait de grande dame représentée en Flore.

Toile ovale, cadre en bois sculpté et ancien.

Haut., 1ᵐ.

ÉCOLE HOLLANDAISE

46-47 — Femmes en costume national.
Deux pastels.

ÉCOLE ITALIENNE

48 — Moïse présentant les tables de la loi.

49 — Portrait de femme avec un chien.

5o — Amours et fleurs.

5ı — Femme assise.

ÉCOLE DU XVIᵉ SIÈCLE

52 — Scènes bibliques.

Composition de nombreux personnages dans un paysage avec vue de ville en perspective. Inscriptions dans le bas. Charmant petit tableau sur bois.

ARMES

53 — Epée à lame longue et fine, poignée en fer incrusté d'argent, forme xvi° siècle.

54 — Epée à lame longue et fine, garde à corbeille en fer repoussé, dessin très fin à cariatides et arabesques. Style xvi° siècle.

55-56 — Quatre épées de formes diverses, poignées et gardes en fer.

57-58 — Six claymores, poignées en fer ajouré et découpé, lames poinçonnées.

59 — Deux hallebardes anciennes, fer gravé, hampes en bois.

60 — Deux colletins hausse-col en fer, xvi° siècle.

61 — Deux petites épées de page, poignées incrustées d'or.

62 — Trois pistolets à pierre xvi° siècle.

63-64 — Sept hallebardes et pertuisanes avec hampe en bois xvi° siècle.

65 — Trois fusils anciens.

66 — Cinq petites épées avec poignés en cuivre et en fer ouvré.

67 — Trois couteaux de chasse, manches ivoire et bois de cerf.

68 — Deux petites dagues vénitiennes, en fer.

69 — Fléau, boule à piques en fer avec chaîne, hampe cloutée.

70 — Masse d'arme en fer.

71 — Cote de maille.

72 — Instrument de combat avec chaîne en fer.

73 — Ceinturon en cuir bardé de cuivre repercé.

74 — Fer de hallebarde.

75-76 — Huit pistolets anciens, bois sculpté, système à pierre, quelques-uns incrustés ou garnis de fer.

77 — Canon oriental, en fer incrusté d'argent.

78 — Petite poudrière en os gravé à figures, xvie siècle.

79 — Six casques en fer, de formes diverses, xvi⁰ siècle.

80 — Demie armure en fer, cuirasse, épaulettes et colletin.

81 — Poudrière en cuir repoussé, dessin lion et arabesques, xvi⁰ siècle.

82 — Poudrière en os gravé, sujets mythologiques, xvi⁰ siècle.

83 — Poudrière en fer gravé, xvi⁰ siècle.

84 — Poudrière en fer côtelé du xvi⁰ siècle.

85 — Garde d'épée en fer repercé, forme corbeille à arabesques, xvi⁰ siècle.

86 — Deux anciens fusils de remparts.

87 — Hallebarde en fer gravé.

OBJETS D'ART

MARBRES, BRONZES, FAIENCES

88 — Belle pendule en marbre sanguine et bronze à cadran tournant, représentant un Amour, indiquant les heures d'une flèche. Style Louis XVI.

89 — Deux statuettes d'enfants musiciens en bronze, patine foncée, sur socles en marbre brèche d'Alep.

90 — Paire de belles appliques en bronze ciselé et doré à rocailles, d'après le modèle de Caffieri.

91 — Cartel analogue surmonté d'un groupe de bergers.

92 — Statuette en bronze : La Becquée, de Gautherin.

93 — Deux appliques en bronze ciselé et doré à cariatides ailées, style du Ier Empire.

94 — Deux grands et beaux vases en marbre jaune veiné, monture en bronze ciselé et doré, décor à têtes et peaux de lions. Style Louis XVI.

95 — Petit buste en bronze : La Frileuse, d'après Houdon, sur socle en marbre.

96 — Deux bras d'appliques Louis XV en bronze ciselé et doré à rocailles.

97 — Statuette équestre en bronze représentant le Coléoni.

98 — Paire de candélabres formés par des figurines en biscuit au milieu de rocailles en bronze ciselé et doré. Style Louis XV.

99 — Paire de bras d'appliques à deux lumières en bronze ciselé et doré à cariatides de femmes.

100 — Statuette en bronze : La Baigneuse, d'Allegrain.

101 — Autre de Falconnet.

102 — Lionne en bronze vert, de Fratin.

103 — Deux vases en albâtre avec couvercles, panses à gaudrons et feuilles d'acanthe, anses à têtes de satyres. Epoque Louis XIV.

104 — Buste d'enfant en marbre, travail ancien de l'école de Donatello.

105 — Plat hispano-arabe, décor à reflets.

106 — Plat hispano-arabe, décor bleu.

107 — Deux grandes potiches en ancienne porcelaine de Chine, fond noir avec personnages dorés.

108 — Deux brûle-parfums en Chelsea-Derby, fond bleu rehausé d'or.

109 — Deux barils en ancienne faïence italienne décor bleu.

110 — Deux réchauds en ancienne porcelaine de Vienne décor à fleurs.

111 — Cafetière en argent à côtes tournantes. Epoque Louis XVI, poids 1170 grammes.

112 — Pendule de voyage, bon mouvement se remontant pour vingt jours.

113 — Pendule de voyage Empire en bronze doré forme cœur.

114 — Pendule de voyage Empire en bronze doré forme livre.

115 — Petite pendule en bronze doré.

116 — Pendule époque Louis XV, bronze doré, socle en marbre.

117 — Pendule époque fin Louis XVI en bronze doré forme vase anses à têtes de béliers.

118 — Gaîne ancienne en cuir. Epoque Louis XIII.

119 — Joli bas-relief en buis sculpté représentant le Triomphe de l'Aurore, d'après Raphaël, cadre et support en écaille, travail très fin.

120 — Sept plats en cuivre repoussé.

121-125 — Dix lampes anciennes en cuivre ou suspensions.

126 — Petite statuette en bronze représentant un guerrier, provenant de fouilles.

127 — BARTOLINI. La Piété.

Jolie statuette en marbre blanc sur socle à pivot.

128 — MOREAU (Hippolyte). La Protection.

Beau groupe en marbre blanc.

Haut., 0ᵐ90.

MEUBLES

129 — Belle chaise longue Louis XV, bois sculpté et doré, dessin à rocailles, foncée de canne dorée, avec coussin en soierie brochée et rayée.

1З0 — Beau meuble de style Henri II en noyer
sculpté et ciré, le haut à colonnettes ouvre à un
vantail sculpté placé entre deux montants à cariatides de femmes, le bas formant crédence est
formé d'un panneau offrant en ronde bosse des
têtes d'homme et de femme et supporté par deux
colonnes feuillagées.

1З1 — Très bel ameublement de chambre à coucher
en noyer sculpté et ciré de style Henri II.

Composé de : un lit de milieu à colonnes can-
nelées et feuillagées, supportant un baldaquin.
Le panneau du devant offre, sculptées en relief,
des chimères ailées, le fronton est formé par un
écusson armorié accosté de deux dauphins et
couronné par un casque de chevalier.

Une armoire à glace biseautée à colonnettes
détachées et décorée en relief de mascarons à têtes
de femmes et de mufles de lions.

Une table de nuit supportée par quatre colonnettes, dessus en marbre blanc.

1З2 — Grand coffre en bois sculpté Renaissance
décoré de panneaux, à figures de Neptune et
mascarons, posé sur pieds à griffes.

1З3 — Très beau buffet de salle à manger en noyer
sculpté et ciré de style Henri II.

Le corps du haut ouvrant à trois vantaux pleins,
offre, sculptés en relief, des cariatides d'enfants
tenant des vases fleuris et un mascaron à tête
d'homme.

Le corps du bas ouvrant également à trois vantaux est orné sur le panneau central d'une scène de chasse placée entre deux cariatides.

134 — Table en bois sculpté posant sur deux pieds reliés par un entrejambe à colonnettes. Style Henri II.

135 — Meuble à deux corps formant secrétaire en bois sculpté Henri II, le panneau du haut à figures de cavaliers est surmonté d'une frise à têtes d'hommes et armoiries, sculptées en ronde bosse, le bas ouvre à deux vantaux, à figures de combattants, montants à cariatides chimériques supportant des statuettes de guerriers.

136 — Grande suspension de salle à manger en bronze patiné, garnie de cinq lampes en émail cloisonné de la Chine (disposée pour l'électricité).

137 — Belle console en bois sculpté à figure d'amour supportant l'entablement (travail vénitien).

138-139 — Deux glaces vénitiennes gravées à sujets de femmes. Cadres en bois sculpté à figures d'amours.

140 — Grille ancienne en fer forgé rehaussé de dorures.

141 — Deux chaises à hauts dossiers couvertes en cuir.

142-143 — Deux meubles bahuts formant crédences
en chêne sculpté.

144 — Deux banquettes d'antichambre en bois sculpté
recouvertes en panne chaudron.

145 — Deux petites banquettes sculptées de style
Renaissance.

146 — Deux groupes en marbre vert de mer. Chiens
assis.

147 — Lanterne d'antichambre en fer forgé.

148 — Grand bureau à cylindre en bois d'acajou
garni de cuivre à quatre faces. Époque Louis XVI.

149 — Bureau à cylindre, le haut formant vitrine en
acajou orné de filets de cuivre. Époque Louis XVI.

150 — Commode Louis XV en marqueterie de bois,
ornée de bronzes. Dessus en marbre rouge griotte.

151-152 — Deux consoles en bois sculpté et doré
pieds à pilastres avec têtes de béliers, bandeaux à
ornements et cariatides. Époque Louis XVI.

153 — Quatre torchères en bois sculpté à ornements
et feuillages. Époque Louis XIV.

154 — Statuette de femme en extase sur une hampe
torchère en bois sculpté. Époque xviie siècle.

155-156 — Neuf petits reliquaires en bois sculpté et doré, xviiiᵉ siècle.

157-159 — Trois encoignures en marqueterie de bois. Époque Louis XVI.

160 — Petite table à ouvrage en bois de thuya et marqueterie garnie de bronze.

161 — Joli cadre en bois sculpté et doré, dessin à rocailles fleuronnées couronné par deux têtes de chérubins.

ÉTOFFES

162 — Coupe d'environ 40 mètres de velours rouge uni.

163 — Coupe d'environ 3o mètres de velours rouge frappé.

164 — Coupe d'environ 3o mètres de bande genre Savonnerie à guirlandes de fleurs.

165 — Bande en ancienne dentelle d'argent.

166 — Bande en application de velours et satin sur fond de drap d'or, dessin Renaissance.

167 — Large bandeau en velours rouge dessin à corbeilles et arabesques serti de cordonnet sur fond drap d'or.

168 — Deux couvre-lit en brocart fond rouge petits dessins or et argent. Style Renaissance.

169 — Un lot de velours rouge de Gênes.

170 — Deux fleurs en soie brodée anciennes pour applications.

171 — Sept morceaux broderie laine et soie (point de Marseille).

172 — Objets omis.